VAMOS A
MEDIR
EN EL ESTANQUE

Por Linda Bussell

Consultora de lectura: Susan Nations, M.Ed.,
autora, consultora de alfabetización/consultora de desarrollo de la lectura
Consultora de matemáticas: Rhea Stewart, M.A.,
especialista en recursos curriculares de matemáticas

WEEKLY READER®
PUBLISHING

Please visit our web site at www.garethstevens.com
For a free color catalog describing our list of high-quality books,
call 1-800-542-2595 (USA) or 1-800-387-3178 (Canada). Our fax: 1-877-542-2596

Library of Congress Cataloging-in-Publication Data

Bussell, Linda.
    [Measuring at the pond. Spanish]
    Vamos a medir en el estanque / por Linda Bussell ; consultora de lectura,
    Susan Nations ; consultora de matemáticas, Rhea Stewart.
        p. cm. — (Las matemáticas en nuestro mundo. Nivel 3)
    Includes bibliographical references and index.
    ISBN-10: 0-8368-9299-2 — ISBN-13: 978-0-8368-9299-4 (lib. bdg.)
    ISBN-10: 0-8368-9398-0 — ISBN-13: 978-0-8368-9398-4 (softcover)
    1. Metric system—Juvenile literature. 2. Pond ecology—Juvenile literature.
    3. Insects—Juvenile literature. I. Title.
  QC92.5.B8718   2008
  530.8'12—dc22   2008016876

This edition first published in 2009 by
Weekly Reader® Books
An Imprint of Gareth Stevens Publishing
1 Reader's Digest Road
Pleasantville, NY 10570-7000 USA

Copyright © 2009 by Gareth Stevens, Inc.

Creative Director: Lisa Donovan
Designer: Amelia Favazza, *Studio Montage*
Copy Editor: Susan Labella
Photo Researcher: Kim Babbitt

Spanish edition produced by A+ Media, Inc.
Editorial Director: Julio Abreu
Chief Translator: Luis Albores
Production Designer: Phillip Gill

Photo Credits: cover, title page: James Randklev/Getty Images; p. 4: Photodisc; pp. 6, 8, 10: Hemera
Technologies; pp. 7, 13: S&P&K Maslowski/FLPA; pp. 9, 10, 11, 13, 17, 18, 19: Totallybuggin.com;
p. 16: Corbis; p. 21: USDA

Printed in the United States

1 2 3 4 5 6 7 8 9 10 09 08

Contenido

Las palabras que aparecen en el glosario están impresas en **negritas** la primera vez que se usan en el texto.

Capítulo 1

Una excursión

El salón de clases vibra con las noticias. ¡Los estudiantes de la clase de la señorita Tosh irán de excursión!

La señorita Tosh dice que visitarán el estanque local y el área que lo rodea. Los estudiantes buscarán distintos **insectos** y plantas que viven en el estanque.

Van a jugar a los científicos y observarán los insectos en sus **hábitats**. Los hábitats incluyen el estanque, el suelo, las plantas llamadas asclepias, otras flores silvestres y árboles cercanos.

Utilizarán sus diarios científicos para registrar lo que ven y después escribirán informes sobre sus hallazgos para compartir con la clase.

Los estudiantes registrarán lo que ven en el estanque para sus informes.

La señorita Tosh sostiene su guía de campo para que la clase la vea. "Esta guía de campo es un libro sobre insectos que viven cerca del estanque", dice. Abre el libro y muestra a la clase cómo es por dentro.

"Tiene fotos e información sobre los insectos y sus hábitats. La guía de campo incluye medidas. Muestra el tamaño de muchos insectos en **centímetros (cm)**. También tiene información sobre las plantas del área".

La señorita Tosh dice que los estudiantes trabajarán en parejas para encontrar e identificar los insectos. Cada pareja usará una guía de campo.

Los estudiantes usarán guías de campo para aprender sobre los insectos que vean en la excursión.

Field Guide

Polilla real en fase de oruga
Unos 10 cm de largo

Capítulo 2

En el estanque

Hoy es la excursión. Los estudiantes traen sus diarios científicos para registrar lo que ven.

La señorita Tosh tiene guías de campo así como crayolas para que los estudiantes dibujen imágenes de los insectos que vean.

La señorita Tosh dice a los estudiantes que busquen colores y marcas que les ayuden a identificar los insectos. Las marcas son patrones de color en un animal.

Harán cálculo de los tamaños de los insectos. Van a comparar los cálculos con los tamaños de la guía de campo.

El autobús llega al estanque. Los estudiantes se ponen los guantes antes de comenzar sus investigaciones.

Las asclepias y otras flores silvestres crecen cerca del estanque. También crecen en el campo que rodea el estanque. Estas plantas son un hábitat importante para algunos insectos. Su savia venenosa es una fuente de alimento para insectos como la oruga de la mariposa monarca. La savia venenosa no daña la oruga de la monarca.

Esta asclepia tiene unos 90 cm de alto. Es más alta que un bate de béisbol.

Los estudiantes se dan cuenta de que hay muchas mariposas anaranjadas y negras que vuelan en torno a las asclepias.

Al principio todas las mariposas se ven iguales. Sin embargo algunas son diferentes. Adam y Rachel usan su guía de campo para descubrir que hay dos tipos de mariposas anaranjadas y negras.

La asclepia es una fuente de alimento para muchos insectos diferentes.

Una de las mariposas se llama monarca y la otra se llama mariposa virrey. Adam se da cuenta de que las alas posteriores son distintas. La virrey tiene ahí una franja negra, mientras que la monarca no la tiene.

Revisan su guía de campo. Dice que la envergadura es la distancia que atraviesa la parte más ancha de las alas cuando están completamente abiertas.

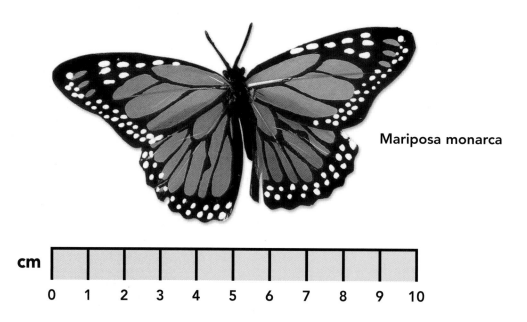

Mariposa monarca

cm
0 1 2 3 4 5 6 7 8 9 10

La envergadura de la monarca es de unos 10 cm y la envergadura de la virrey es de unos 8 cm. Rachel registra las dos mariposas y sus envergaduras en su diario. Después Rachel ve algo verde que cuelga del tallo de la asclepia.

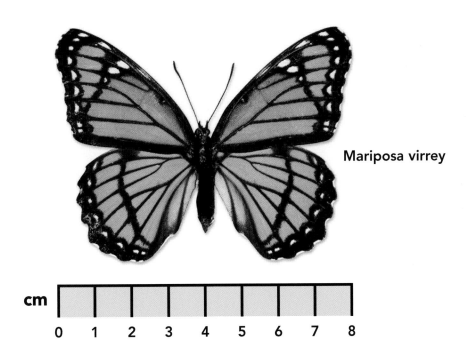

Mariposa virrey

cm

0 1 2 3 4 5 6 7 8

Adam encuentra una imagen del objeto en la guía de campo y se da cuenta de que es una **crisálida** de monarca, o pupa. La oruga de monarca se convierte en crisálida antes de convertirse en mariposa adulta y permanece como crisálida de 10 a 12 días.

El proceso de cambio de oruga a pupa y luego a mariposa se llama metamorfosis. La crisálida de la guía de campo mide más de 2 cm de largo. Rachel calcula que esta crisálida es casi del mismo tamaño que la de la guía de campo.

Anota esto en su diario. Hace un dibujo de la crisálida.

Aquí se ve una crisálida de mariposa monarca, o pupa, en diferentes etapas de desarrollo.

Daisy y Rubén también están explorando la asclepia. Ven orugas amarillas, negras y blancas de diferentes tamaños. Adam lee en la guía de campo que todas son orugas de monarca que se convertirán en mariposas monarca.

Las orugas crecen en etapas llamadas etapas larvales. Entre las etapas larvales, las orugas mudan de piel para seguir creciendo. En total hay cinco etapas larvales.

Daisy y Rubén encuentran una tabla en la guía de campo en la que se comparan los tamaños de las etapas larvales de la monarca.

Daisy y Rubén comparan las orugas que ven con la información de la tabla. Registran sus observaciones en su diario.

Etapas larvales de la mariposa monarca

Etapa	Longitud aproximada
Primera etapa larval	cerca de $\frac{1}{2}$ cm
Segunda etapa larval	casi 1 cm
Tercera etapa larval	entre 1 cm y $1\frac{1}{2}$ cm
Cuarta etapa larval	entre $1\frac{1}{2}$ cm y $2\frac{1}{2}$ cm
Quinta etapa larva	entre $2\frac{1}{2}$ cm y $4\frac{1}{2}$ cm

Capítulo 3

Hormigas león, polillas luna y polillas reales

Kami ve varios hoyos pequeños y circulares en la tierra arenosa que rodea el estanque. Se pregunta qué podrán ser.

Sydney encuentra una foto de los hoyos en la guía de campo. Leen que la larva de la hormiga león construye estos hoyos para atrapar su presa. La larva de la hormiga león en la guía de campo mide menos de 1 cm.

La hormiga león adulta es mucho más grande que la larva. La adulta en la guía de campo tiene una envergadura de casi 1 dm. Un **decímetro** (**dm**) es igual a diez centímetros.

Kami registra la información sobre la larva de hormiga león en su diario.

Algunas larvas de hormigas león miden menos de 1 cm. Las hormigas león adultas pueden tener una envergadura de hasta 1 dm.

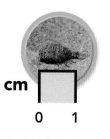

dm

0　　　　　　　　　　　　　　　　　　1

cm

0　　1

Los nogales cerca del estanque son otro hábitat de insectos.
Este tipo de árbol puede crecer hasta 40 m de alto. Un **metro** (**m**)
es igual a 100 centímetros. Cuarenta metros es más largo que tres
autobuses escolares estacionados punta con punta.

Sydney mira una polilla grande y verde en el tronco de un árbol.
Es una polilla luna adulta. Tuvo suerte de encontrarla ya que las
polillas luna son especies en peligro de extinción en algunas áreas.

Esta polilla luna está posada en el árbol a más de un metro sobre
sus cabezas. La guía de campo dice que algunas polillas luna adultas
tienen una envergadura de más de 11 cm.

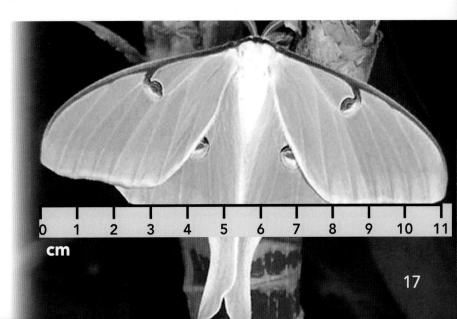

Las polillas luna adultas pueden tener envergaduras de más de 11 cm.

Benjamin y Carl también están buscando insectos entre los nogales. Tratan de encontrar una oruga llamada polilla real. Parece agresiva, pero es inofensiva para los seres humanos.

Encuentran varias orugas de polilla real en las ramas de un nogal. Comen las hojas. Las orugas son de tamaños diferentes y tienen espinas anaranjadas y negras en la parte trasera de sus cuerpos.

Carl lee la guía de campo. Ahí se muestra una polilla real, que es de unos 10 cm de largo. Benjamin registra la información en su diario científico. Luego hace un dibujo del insecto.

La oruga de polilla real tiene aspecto feroz, pero es inofensiva para los seres humanos.

Carl lee en la guía de campo que cuando la oruga de polilla real sea adulta, puede crecer mucho. Las polillas reales tienen una envergadura de hasta 10 cm de largo.

Carl y Benjamin buscan alrededor, pero no encuentran ninguna polilla real. Probablemente esto se debe a que las polillas reales son nocturnas o activas en la noche.

Luego oyen que la señorita Tosh llama a todos los estudiantes. La señorita Tosh recoge las crayolas, los marcadores y las guías de campo. También recoge los guantes. Los estudiantes abordan el autobús.

Polilla real

cm 0 1 2 3 4 5 6 7 8 9 10

Capítulo 4

De regreso

Los estudiantes se acomodan en el autobús. Están entusiasmados por su día y todos hablan al mismo tiempo sobre los distintos insectos que vieron en el estanque.

La señorita Tosh les pide que le digan qué insectos vieron. Los estudiantes hablan de las cosas sorprendentes que aprendieron.

"Vimos muchas mariposas monarca. Leímos que algunas monarca vuelan más de 4,000 **kilómetros (km)**", dice Rachel.

"Así es", dice la señorita Tosh. "Algunas monarca migran del sur de Canadá, a través de Estados Unidos hacia el centro de México. Es un viaje muy largo para un insecto tan pequeño".

Los estudiantes ven muchos insectos en el estanque.

La señorita Tosh pide a sus estudiantes que muestren sus dibujos. Los estudiantes muestran los dibujos que hicieron.

Muestran los dibujos de mariposas, libélulas, mantis, orugas y hasta un insecto acuático gigante. Los estudiantes también cuentan sobre lo que anotaron en el diario sobre el estanque.

"Han aprendido mucho hoy. Estoy orgullosa de ustedes. Estoy ansiosa de leer sus reportes", dice la señorita Tosh.

Ha sido un día muy activo. Ha sido una excursión divertida. El chofer del autobús lo pone en marcha y se dirigen de vuelta a la escuela. La clase siempre recordará esta excursión.

¿Qué aprendiste?

1. Un nogal puede medir 40 metros de alto. Una oruga de polilla real mide unos 10 cm. ¿Cuántas orugas de polilla real podrían caber a lo largo del nogal?

2. Una larva de hormiga león mide menos de 1 cm. Piensa en qué más podría medir menos de 1 cm.

Usa una hoja de papel separada.

Glosario

centímetro (cm): unidad métrica utilizada para medir longitud o distancia. 100 centímetros = 1 metro

crisálida: la pupa de una mariposa

decímetro (dm): unidad métrica que se usa para medir longitud o distancia. 1 decímetro = 10 centímetros

hábitat: lugar o ambiente donde una planta o un animal vive y crece naturalmente

insecto: clase de animales pequeños. Los insectos tienen 6 patas y 3 partes corporales principales llamadas cabeza, tórax y abdomen. Muchos insectos tienen uno o dos pares de alas.

kilómetro (km): unidad métrica usada para medir longitud o distancia. 1 kilómetro = 1,000 metros

metro (m): unidad métrica que se usa para medir longitud o distancia. 1 metro = 100 centímetros

Índice

Nota acerca de la autora

Linda Bussell ha escrito y diseñado libros, materias educativas
suplementarias y programas de software para niños y jóvenes.
Ella vive con su familia en San Diego, California.